JN409185

나무의 인줄

한새빛 제4시집

나무의 인연줄

한새빛 제4시집

도서출판 채운재

서시

뜰 안 나무들이
부산하다
꽃을 피우는가
싶더니 지고
어느새 잎을 내어
게으른 나를
흔들어 깨운다
명랑한 낮이나
잠 못 이루는 밤이나
한결같이
그 자리엔
그대가 있어
부리나케
달려가는 품속
그대는
어머니다 애인이다

목석 같다는 말을
다른 의미로 해석해본다

수년 전부터 이맘때면 제4시집을 내야 하겠다고 생각하다가 올해서야 드디어 큰맘을 먹었습니다.

기쁘거나 슬프거나 버팀목이 되어주는 이들이 곁에 있기에 여기까지 왔고 그들로 인해 눈물 나게 행복합니다.

늘 부족하고 뜻에 미치지 못한 사람임에도 아끼셔서 기꺼이 제게 발문을 써주신 김건중 선생님께 온 마음으로 감사드립니다.

한새빛 시인의 시혼

김건중(소설가/ 한국작가회 회장)

한새빛 시인이 네 번째 시집을 상재하게 되었다.

그간 제1시집 「꽃불」에서는 머리글을 통해 스스로 말했듯이 "감성이 새롭게 살아나는 그런 시를 쓰고자 했으나 아직도 미숙함을 느낄 때가 많다"고 하며 감성은 살아 있어도 이를 시로 형상화하는 데는 부족함을 드러냈었다. 그리고 제2시집 「꿈속으로」에서는 "일상의 권태로움과 상실감에서 쓰러지지 않은 것은 시가 있었기 때문이다"라고 말할 정도로 시를 인생의 정신적 기둥으로 삼았다. 그리고 제3시집 「나의 계절」에서는 "자신을 성찰하고 수양하고 있다"라고 하며 시를 통해 자신의 감성세계뿐이 아니고 일상과 삶의 세계를 성찰의 세계로 끌어들여 그 힘을 감성으로 승화시키는 변화를 모색하기도 했다. 이런 한새빛 시인의 시 세계는 작품을 상재할 때마다 변화를 거듭하더니 제4시집 「나무의 외출」을 통해 원숙한 시적 완성도를 드러내며 자신의 시 세계를 구축하고 있는 것이다.

시의 가장 으뜸은 상징성이다. 시인의 감성은 어떤 상황을 받아들여 그 상황을 회화성으로 드러내기도 하지만 그보다는 상징적으로 드러내는 것이 더욱 시다운 맛을 주고

공감되는 여운도 길어진다고 생각한다.

바로 이런 상징성을 한새빛 시인의 시에서 발견할 수 있고, 아울러 그런 의미로 표현되는 시들이 한새빛 시인의 시적 특성이기도 하다.

시인 누구나 그렇겠지만 시인의 감성에 잠재되어 있는 컬러필터가 한새빛 시인의 경우는 남다르다고 할 것이다. 그것은 시인이 지니고 있는 섬세하고 지극히 여성적인 감성과 그 누구도 추종을 불허하는 여린 심성에서 우러난 심상 그것이다. 어쩌면 한새빛 시인의 감성의 컬러필터만이 받아들일 수 있는 점이기도 하다. 특히 그 감성을 아주 함축성 있게 다듬어 시어로 감칠맛 나게 시로 그려내는 것도 이 때문인 성싶다.

이제 한새빛 시인은 스스로 자신의 감성을 컨트롤할 수 있는 능력과 시적 언어의 함축성과 톤을 잘 배합하여 완성도 높은 시를 쓸 수 있는 시인으로 발돋움할 것이다. 한 사람의 시인으로 이만큼 시를 쓸 수 있다는 것은 축복이 아닐 수 없다. 짐작건대 어쩌면 이런 저력이 있어 경기도 문인협회 회장과 한국문인협회 이사에 선임되었는지도 모르겠다. 그러나 더 큰 시 세계와 시를 통한 인생의 아름다움을 스스로 터득하면서 정진하면 반드시 그 정점에 오르리라는 기대를 갖는다.

이제 한새빛 시인은 제4시집 「나무의 외출」을 통해 앞서 말한 한새빛 시인의 시혼을 독자에게 보내주길 바라며 시집 상재를 축하하는 마음을 전한다.

차례

제 1부 | 유목민

제2부 | 그리움의 몸짓

제3부 | 기억의 소묘

제 4 부 | 숫자 없는 세상

제1부

유목민

세월

그대 앞에선
어쩔 도리가 없다

연지로 만든
환한 얼굴
마음마저
감쪽같이 숨기려고
생글거리지만
금세
들켜버린다
남보다
늦게 센다며 우쭐댔던
내 머리카락
그대는
그 뿌리의 근질거림도
알고 있다

그대 앞에서는
아무것도
자랑할 수가 없다

여행준비

오래전
첫 여행 때는
시시때때로 갈아입을 옷과
구두 모자 드라이어까지
큰 가방에
꽉 차도록 챙겼었다

오늘 다시
짐을 싸면서
다 입지도 쓰지도 못하고
돌아왔던 걸 기억해 내곤,

다가올 미래
빈손으로 돌아가야 할
본향을 생각하며
마지막까지 매달렸던
아까운 것들조차
버리는 연습
단출하게 떠날 수 있는
채비를 한다

장미 울타리

너는
나의 삶 언저리에 뿌리박고
고운 빛과 향기로
나를 매혹한다

눈 감아도
밟히는 널
뿌리칠 수 없어
감추어진 가시에
찔리는 줄 모르고
달콤한 입맞춤을 하고는,

곁에 두고 싶어
꽃 가위 들었지만
길게 뻗은 넝쿨
탐스런 꽃
자르기 안쓰러워
그저 저만큼
거리를 둘 수밖에 없는,

네가 올 수 없으므로
내가 다가서기로 했다

징검다리

멈추어 서 있으면 빠질까
천천히 가면 쫓아올까
겅중거리다,
돌 위에 걸터앉아
발 담그고
가물거리는 기억
갈퀴질 해본다

그땐
업기도
업히기도 하고
물에 빠져 옷이 젖어도
까르륵 댔었다

누가 무어라
나무라는 것도 아닌데
오늘에서 내일
건너야 할 시간 위에서
그저 초조하다

유목민

냉장고
옷장 속
가득가득
그래도 허전함을
채울 수 없어
장에 가면
또 사들였다

곧,
때가 이르고
떠나야 할 텐데
비움에 서툰
나는
짐을 꾸릴 수 없다

해거름,
늘어뜨린
그림자만큼 내려온
어깨 아파
잡다한 것에서
벗어나기로 했다

두 손을 높이 든다
잡고 싶은 것들에게
잡히지 않기 위하여,
버려야 가질 수 있는
자유를 위해

순명

잘할 수 있는 운동은
숨쉬기 운동뿐
그런 농담을 했는데
어느 날 갑자기
숨이 막혀
그조차
쉽지 않음을
깨닫는다

자기엔 아직 이르다고
부릅뜨고 버티다가
동틀 무렵 눈꺼풀이
쓰러졌는데
습관대로 눈은 떠졌다

가슴 아프고
잠이 쏟아지는데
야속한 배 허기지고,
눈뜬 채 꿈꾸며
숨 불어넣어 줄 이를 찾는
나, 섬에 갇혀있다

무엇보다 지금
숨을 들이마시고 내쉬는 일이
시급하다

조건반사

어둠 내리면
묶이지 않았어도 옴짝 없이
골방에 갇혀
꿈과 씨름하고,
접동새 울음에
그리움으로 곤두선다

눈 감으면
너에게 한 발자국
달려갈 수 있다
달콤한 꿈에 젖어도 된다
하지만 언제나 어둠 속에서
더 크게 뜨는
슬픈 눈

봄날에

벚꽃 흩날리는데
가지마다 내민 손
라일락 향기
그마저
끌어내려는,

밖이 밝을수록
어두워지는 안
눈물로 꽃 피우고
꽃이 눈물짓는
목쉬는 한낮

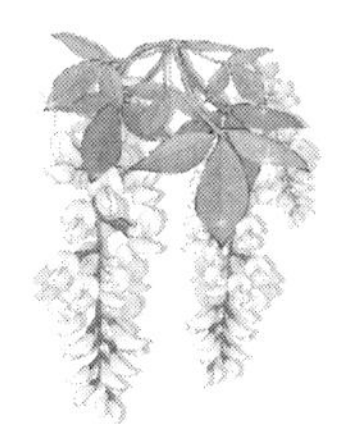

3월

겨우내
칼바람 할퀴고
지나간
쓰라린 자리에 돋는
새살

흔들리고 휘어지던
빈 가지
조금도
기억나지 않도록
펼쳐지는 초록 꿈

등성이 타고 달려오는
저 박동
깃발 소리는
맨몸으로 우는
소리

꽃축제

자고 일어나니
온통
꽃 애기다
단숨에
꽃놀이하러
떠나고 싶은데
발목 붙잡는 몸살
약국 다녀오다
먼발치에서
무심코 바라본
꽃나무
들락거릴 적마다 마주쳐도
맹숭했는데
울타리에 갇혀서도
저렇게 화사한 자태
이제사 듣는
소리 없는 탄성
아무래도 서둘러
꽃이 지기 전
조용한 축제를 해야지

빗속의 들풀

키를 넘는 큰물에
쓸려갈 줄 알았는데
핏빛 물 빠져나가고
장맛비 속에서 고개 꺾인
가냘픈 생명의 몸짓
그래도 질긴 생명줄 잡고
살아난 목숨이다
달아나지 못해 발목 잡힌 아픔
얼룩으로 남아,
신기루같이 펼쳐지는
반가운 햇살
반기며 일어서는
물기 어린 해말간 미소
반짝이며 피어있는
이름 모를 들풀 꽃
눈물겹게 싱싱하다

시작메모

집중호우로 산촌과 농촌에서 힘들게 살아가던 평범한 농부들. 그들은 모든 것을 잃었다. 정부나 지방자치단체에서는 대계를 세우지 않고 큰일을 당하고 나서야 소 잃고 외양간 고치는 식과 임시방편으로 급조하는 식의 해결책으로 자주 그렇듯 같은 재해를 반복하게 되곤 하지만, 넘어져도 다시 일어나는 들풀처럼 그들은 자생력과 눈물겨운 노력으로 다시 일어서려고 한다. 드물게 비치는 햇살 정도의 도움이겠지만 마음을 합하여 정성껏 그들을 도와야 할 것이다. 그들은 아픔을 딛고 들풀처럼 일어설 것이다.

오월에

봄 같지 않은 봄이더니,

시샘으로
뿌려대는
눈바람도
이제 더는
막을 수 없는,

이만큼 오기까지
무수한 꽃이
피고 지고,
스물 두 해 째
피어나
향기를 뿜는,

– 「문학시대」 동인지 서시 –

여름 문턱에서

계절이 쉬이 바뀌는 것은
시간의 흐름 때문이 아니고
우리네 삶이 바쁜 까닭이다
숨 가쁜 일상 중에서도
여유로움을 느끼며
시를 쓰는 우린
다른 이들은 모르는 걸
맛보고 산다
뜰 안 나무
잎만 무성하다 여겼더니
터지려는 꽃망울
그 속엔 꿈이 가득 들어있다

훌륭한 패배

눈물로 땅을 적시어도
무효한 기도
썩어 문드러지는 갈망으로
비틀거리며 발아하는,

아무것도 아니어도 좋다
한때
그렇게 소원해서
짓눌리던 굴레
다 내려놓고
지극히 평범한
아낙이 되고 싶다

늦은 가을

지금 들녘엔
갈대만 흔들리는 게 아니다
바람만 부는 게 아니다

멈추지 않는 신을 신은
투명인간들이
겨울을 향해 달리는
갈대와 바람의 대열 속에서
흐느적거리고 있다

지금 이맘땐
혼자서만 흔들리는 게 아니다
혼자서만 우는 것이 아니다

봄이 오는 소리

들풀도 벌레도
제때 알고 있는데
철을 바꾸는 바람에도
꼼짝 않고
얼어붙은 가슴

눈 덮인 산에
싹이
돋아나야 봄일까

옛 시인 노래 불렀던
덧없는 삶
강물 따라 흘려보내면,
어쩌면
아픔도 녹아내리고
꿈결에 듣는
심장박동소리

글씨름

콧등 시리어
뒤집어쓴 이부자리
자명종 소리로
아침을 걷어내고
언제부터였을까
문틈으로 기어든 햇살
침대 모서리에 걸터앉아
낮을 간질이다가
눈꺼풀 위에서 널뛰는데
밤늦도록
샅바 움켜쥐고 씨름하던 글들
아무리 생각해도
엉긴 실 뭉치다

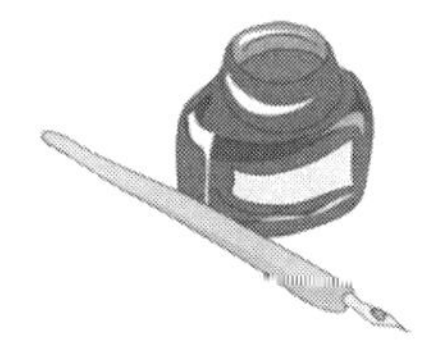

탄생의 기쁨

싸늘한 기운 뼛속에 스미어도
묵묵히 걸어갈 수 있었던 건,
두터운 외투 때문이 아니라
버텨야 할 까닭이 있기 때문이다

해거름에 쫓기어 숨 가빠도
언덕배기 돌밭 일구는
화전민 마음,
우린 늘상
글 속에서 뒹굴며
새날을 꿈꾼다

그렇게 오랫동안
기다려 왔던
터울 늦은 아기가
태어나는 순간,

우렁찬 울음소리에
추운 것도 잊어버리고
터져 나오는 웃음,
눈 오는 날 삽살개처럼
이리저리 뛰어다닐 수밖에

눈물 나는 오월

날짜가
정해졌다
곧
태어나겠지만
순간을 기다리는 동안
아프다

낳을 때마다
매양
비명 지르는데,
눈물 나도록 기쁜
우리의 분신
생명으로 찾아올
내 새끼,

그래서 또
잉태하나 보다

톤레샵 호수
- 보트피플

못 박아 살려 해도
늘상 움직거려
발 디딜 때마다
요람이 되는,
뜨는 것이 아니면
존재할 수 없는,
여기가 집이려니
일터려니

집도 절도
빼앗기고
간신히 목숨 부지
여들 없는 삶인데
원 달러 원 달러
외칠 때마다
별이 뜬다

시작메모

톤레샵 : 캄보디아에 있는 호수의 이름.
베트남 난민이 이 호수의 수상가옥에서 살고 있다.

여왕두女王頭

비바람
고독의 파도에
가슴 에이어도
말할 수 없는
긴 세월

그리움에
찢어진 절리節理
패인 호혈壺穴에 스민
죽어서도 지키리라
다짐했던,

완리향 이에류엔
네페르타리
클레오파트라의 얘기가
바람결에 떠다닌다.

시작메모

* 네페르타리: 고대 이집트의 왕이었던 람세스 2세가 가장 사랑한 아내
* 클레오파트라: 이집트의 프톨레마이오스 왕조의 마지막 여왕으로 빼어난 미모의 소유자
* 완리향 이에류: 대만 북부의 해상지질공원

물 위의 집

노을빛 꿈속
헤엄쳐
정원으로 가면
울다가도 가만히
웃음이 번졌다

날 궂으면
온몸에
비늘이 돋아
빗물 거슬러
하늘로 올라갔다

물은
길이었지만
돌아갈 수 없는 곳
바라보다 눕는
보금자리였다

이슬 꽃

바위틈 그늘 아래
간신히 고개 들어
젖은 미소로 고개 젓는
가녀린 꽃
바라보기 하도 설워
호미로 캐어
옮기려 했더니,
끊어질 듯
가느다란 꽃대
잡기 안쓰러워
그냥 두어 버렸다
이렇든지 저렇든지
한세상
그도 저도
까닭 없이 존재할까

제2부

그리움의 몸짓

나무

뿌리내린 곳에
한결같이
서 있어야 하는,

수액을 힘겹게
끌어올리는 힘으로
위용을 세우는,

반짝이는
초록빛 옷을 두르고
함무라비법전을 파기한
자유함

가문 들녘을 벗어나
물가에서 노래하는
꿈을 꾼다

나무의 외출

하늘에 닿고 싶어도
끝없이 높기만 하고
떠나고 싶어도
발이 떼어지지 않아
비록 흔들리고
떨긴 했지만
그 자리에서도
행복할 수 있었던 건
삼켰던 눈물
안으로 흘려보내어
냇물로 흘렀기 때문이다
꿈속 여행을 했기 때문이다

열매
– 사과

뜨거워진
붉은 심장
벌 나비
아무도 열지 못하게
빗장을 질렀어도
단물이 꽉 찬
이 기쁨

이젠 죽어도 좋아

나무의 사랑 · 1

가지에 깃든 새처럼
마음껏 쉬어가시게

기쁘거나 슬플 때 오시게
하지만
기왕이면 노래를 부르시게

그대가 오시면
내 마음은 버선발로 뛰어나가오

아무것도 남기지 않고
떠날 준비 되어 있는 나는
아낌없이 주려오
그대, 이리로
오실 준비가 되었는가

나무의 사랑 · 2

밀착되어
영원히
함께 있고픈
그들에게
줄기와 가지로 이루어진
여러해살이 식물이라고
했다

햇살에 반짝이던
초록빛 생명
할퀴고 지나가는
바람에 흔들려도
나뭇가지는
믿음직한 줄기의
어깨에 매달려
두렵지 않았다

거센 비바람에
휘청거리고
그 뿌리
뽑힌다 해도
붙들고 놓지 않는
그들의 사랑은
목숨이 다하도록
끄떡없다

나목裸木

땅속 물줄기
끌어 올리며
흘린 땀방울만큼이나
매달렸던 열매
떨어져 나가
모양새 초라하기
그지없지만
벗었어도
부끄러워하지 않고
거친 벌판에 서서
노래하는 이유는
따사론 햇빛
잎사귀 간질이는
봄 꿈을 꾸기에
조건 없이 받은 사랑
깊은 땅속으로 흐르고 있기에

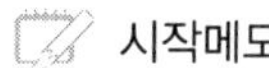

나무와 사람은 닮았다.
땅속으로 흐르는 물줄기는 영혼의 샘물이다.
나무가 그 물줄기를 끌어올려 가뭄을 극복하듯 사람은 마음속에 축적된 힘으로 어려움을 이겨낸다.
풍성했던 잎과 열매가 다 떨어지고 볼품없어졌어도 그것을 아름답게 보아주는 이가 있기에 나무는 행복하리라.

여름 나무

아득한 슬픔을 깨우는
어스름이 만든
실루엣
오랫동안 보아왔지만
제대로 인사조차 나눈 적 없는,

늘 말을 걸어 왔지만
알아채지 못하고
이제서
눈빛으로 답한다

숨 막히는 날
나도 모르게 서 있는
네 그늘,
먼데서 서성이다 돌아와도
언제나 그 자리에서
변함없이 맞아주는,

받는 것보다
주는 것을 좋아하는
널 알아 흡족하다

가을에

그 푸르던 잎사귀
눈부시게
붉어야 했던 이유
알기도 전
깃 세우고 움츠린
어깨 위로
떨어지는 어스름

동면하기 위해
모든 걸
떨쳐버리는 나무는
과녁 향한 살같이
금세 내리꽂힐
나를 흔들어
눈 뜨라고 한다

봄

그대는 언제나
꿈길을 걸어온다

환히 웃는
그대의
향기에 빠져
나른해지는
오후,
망막에 떠오르는
풍경 속
어디든 날아가는
눈부신 날개

일어나!
귀에다 소리쳐도
차마,
눈 뜰 수 없음은
그대
사라질까 봐

아우성

보이는 대로
좋은 걸
다 주고 싶은 건
빈 내 마음
가득 채워달라는

하고픈 말 아끼어
낮은 목소리 내는 건
생각나는 대로
큰소리로
말하지 말라는

이런저런 얘기 끝에
그늘지는 건
나를 알아달라고
강요된
무언의 시위

사랑

그것은
날개 단 천사,
바람 타고 타오르는
산불
어둡거나 환하거나
숨길 수가 없어
몸에서 빛이 난다니까

추락한 루시퍼
심술부려도
그깟 것
괘념치 않고
더 빛을 내면
걸음아 나 살려라
줄행랑친다지

모순

그날이 그날이어도
지루하지 않았으면,
받는 것 없어도
행복했으면,

날마다 똑같은 말
습관이 되어버린
바램

어제와 다른 오늘을
기대하면서,
아름드리
받고 싶으면서,

홍도 · 1

저녁상에 내놓은
굴비 살점에
찝찔한 눈물 맛
비릿한 냄새,
어느새
붉게 빛나는
섬으로 돌아가 있다

머리칼 사이로
지나가는 바람과
얘기하다가
춤추는 갈매기 따라
입가도 실룩거리고,
뱃멀미 하던 기억마저
그립다

홍도 · 2

네 모습이
본디
아름다운 건 아니지
표독스레 고통을 준
파도가
널
깎아 놓은 거지
부딪히고 무너져도
꼭
눈물 흘릴 일은 아니다

홍도 · 3

안개장막을 뚫고
너의 슬픔을 읽는다

뭍으로 간
님 그리워 흘린
눈물 넘실대는,
파도에
사윈 한恨으로
투신한
너의 잔해가
선연히 보이는
앞바다

무인도

좋다고
사랑한다고
발아래
파도 부서지고
비릿한 바람이
머리카락 날리는데,
아리따운 제 모습
알아채지 못하는 건
아주 오래전부터
바다 가운데
혼자 떠있다고
못 박아 놓은
어렴풋한 기억,
웃을 일에도
울 일에도
무표정하다

샘

꼭이 산골에만 있을까
가슴에도 있지마는
언제 보아도 그리운,

작디작지만
긴 세월 동안
마르지 않고
죽을 때까지 들여다 볼,

휘저어 흐려놓아도
이내 맑아지고
앙금으로 가라앉은
깊은 곳의 고요
저 밑바닥의 평안

허밍코러스 단상

웅얼거림에
지나지 않는
그저
아름답다거나
슬픈 게 아니고
속내가 있는

꽃이
향기로 말하는 걸
알아차리는
온몸의 촉각으로
암호 해독하고
차마 말 못하는
목울대
흔드는 가슴

나의 아침

어둡다 못해
괴괴한
새벽 공기 할퀴고,
가슴이 뚫리도록
차가운 물
들이킨다

어디에도 너는
보이지 않지만,
눈만 비비고 일어나면
너를 맞이하려
팔 벌리고 못 박혀서는
오래된 습관

지금은 어둡다
그러나 곧
귓전을 두드릴 네 목소리에
환해질 것을 알기에
만사 제쳐놓고
오롯이 기다릴 수 있다

깃발 · 1

눈빛 흐려질 때나
가슴 벅차 환호 지를 때
바라보아라

나를 입어
행복할 수 있다면
옷이 되어도 좋고
두건이 되어도 좋아

고개를 들라
내 속에는 네가 있어
몸이 부서지도록
널 부둥켜안고
기쁨으로 펄럭일 테니

깃발 · 2

온 마음으로
피워낸,
사랑 위하여 입은
순결한 흰옷

이 하늘 이 땅
지키겠노라
물불에 뛰어들다
산화된 넋

죽어도
떠나지 않겠노라
어둔 하늘을 사르며
나부끼는 횃불

시작메모

하늘 · 땅 · 물 · 불을 상징하는 태극기의 건곤감리(乾坤坎離)를 시로
형상화 했다.

깃발 · 3

흰옷
즐겨 입는 우리
하나로 얼리어
방방곡곡 울려 퍼지던,

대대로 살아오던 내 나라
내 핏줄 지키려
물불 가리지 않고
피땀 아끼지 않고
피워냈던,

사랑의 불씨
가슴속에 간직하자
그날의 함성
거룩하게 나부끼니

깃발 · 4

맑고 밝은
그대의 순수
평화로움을 사랑한다

빛살 가득한
무궁화동산에서
술래잡기하며
천진스런 웃음꽃
꿈에서도 나부낀다

온 땅
온 하늘에
울려 퍼지는
우리들의 맹세

신이어도타령

그물 씻고
노 젓고
어깨 부서지는 날
울음소리 잦아들고
터지는 노랫가락

이엿사나 이어도사나
이엿사나 이어도사나

짐 벗고 먼저
가버린
님
하냥 그리워
바라보던

님이 있는 그곳엔
눈물도 다툼도
짐도 없고
웃음만
사랑만
가득 차 있겠지

 시작메모

이어도 : 제주 특별자치도 서귀포시 서남쪽에 위치한 암초로 파랑도라고도 부르며 옛 제주도 사람들은 바다에서 실종된 어부들이 있을 것이라는 환상의 섬으로 생각하는 전설이 있다. 최근 중국이 자국 영토라 주장해 소유권 분쟁이 있었다.

내 귀

바람에
귀울음 나도
절대로 휘어지지 않는,

꿈결에서도 그리운
그 소리 들으려
하늘에 닿도록
서 있는 첨탑

그리운 사람

환한 얼굴
맑은 눈
하지만 가끔은
물기 어린 눈동자,
실속 없고
물렁해보여도
마음 따뜻한,
그러니까
순진무구한 이가
어쩌다가 한 번쯤
알다가도 모를
탄식을 하는
그 모습
나쁘지 않다

근하신년謹賀新年

이만큼 왔으니
어디쯤인가 살펴보면
길은 아직 남아있고
바퀴 자국만 길게 나 있습니다

덜컹거리는 통에 메슥거려
바퀴 도는 수만 세고 있는데
느림뱅이 수레바퀴가
또 한 바퀴 돌았습니다

지나가는 사람을
풍경을
물끄러미 바라봅니다

이제
메스꺼움 이겨내고
스쳐 지나가는 것들 사이에서
아무튼지 변함없이
함께 앉은 벗들과
기쁨과 슬픔을 나누렵니다
뒤집어쓴 먼지 씻어 내려고
수레에서 내리는 날까지

죽어서 무엇이 될 수 있다면

내어줄 줄만 아는
바위가 되고 싶다

원한다면 언제든
걸터앉아도
딛고 올라서도 좋고,
벽이 되든지
정원석이 되든지
비바람에도 끄떡하지 않는,

경관에 감탄해
환호 질렀으면서
두 번 다시 찾지 않는
쓸모없어진 이유조차
생각하지 않는,

고종황제 재평가

그는
꼭두각시가 아니었다

을사늑약으로
빼앗긴 나라
되찾으려
서슬 시퍼런 감시 뚫고
백방으로 강국들에
밀서를 보냈다
그들에 의해 훗날
광복되었으니
그저 헛일은 아니었을 터

그가
무능한 왕이라
단정하는 건
매국노와 어깨동무하는 일

숭례문 잃고
가슴 치는 일
그릇된 역사 바로잡고
마지막 왕의 한
마음 판에 새겨야 하느니

 시작메모

숭례문 : 국보 1호, 별칭 남대문
2008년 2월 10일과 11일 사이에 방화에 의한 화재사건이 있었다.
최근에 복원공사가 준공되었다. 화재로 훼손된 지 5년 3개월 만이다.

위하여!

하늘 저편 별들의 속삭임
반짝이는 이슬,
좁게라도 누울 자리 있어
등줄기 펴고 꾸었던 꿈

회오리바람 뒤흔들어
넘어지고 넘어져도
다시 일어남은
저기 빛나는 별 바라봄이니,

언덕배기 넘고 벌판 달리며
땀으로 눈물로 일궈낸 안식처에서
다물었던 입가 미소 매단 오늘
웃고 싶을 때 마음껏 웃고,

힘들고 외로울 때 고개를 들라
저 빛나는 태양 따뜻한 심장엔
그댈 감싸 안을
눈부신 날개 있으니,

한잔의 축배를 들자
아직도 남아 있는 고개
그마저 넘기 위해
힘찬 목소리로 건배, 건배

기억의 소묘

첫눈의 단상

운전을 하다가
금세 녹아
사라지는 눈
바라보며
달려가는
어렴풋한 기억 속

눈 내렸다는 말에
아직 밟지 않은
눈길로
뛰어나갔던,
첫눈 내리면
무작정 만나자고
덕수궁 돌담길을
약속장소로 했던
앳된 시절 떠올라
혼자라도
기념하고 싶은 날

처음이라는 것은
의미를 부여하고 싶은 것인가 보다

때 아닌 눈
– 3월 차창에서

생전에
그렇게도 많이 쓰시더니
거기서도 쓰시려고
갖고 가셨는지,
이제 쓸모없어
주머니 속까지 뒤집어
털어내시는지,

거리에
지붕 위에
울타리 나무 새순 위에
하얗게 내려앉은
화장지 조각

아직도
자동차트렁크 속엔
님이 반기던 그것이
잔뜩 있는데
콧등이 시큰하여
차마 꺼낼 수 없다

 시작메모

그리운 님, 아버지께서 소천하시고 9일째 되는 날

유월

울타리에
타오르는 넝쿨장미,
햇살 받은 창문이
열린 날
자태 뽐내며
청춘을 피워냈었다

차마
꺾을 수 없었던
그 꽃,
사느라 바빠 외면한 사이
앉아있던 빈자리엔
아프도록 아름다운 기억이
남아있고,

뛰어내린 담장 아래
분분한 잔해
나의 사랑
그 뒷모습

선운사 동백꽃 필 무렵

선운사 동백꽃
꽃 진 가지에
멍울진 마음
달아 놓고 내려왔는데
다시 돌아오면
활짝 피어 있으려나

태풍

예쁜 꽃 이름
무이파가
내달려 몰고 온
비바람,

몸서리치는 파도
바윗돌
거리에 늘어놓고,
서귀포
천지연보다
더 큰 폭포소리,

아름다운 꿈은
때때로
피해복구 뉴스
아랑곳없이

소용돌이에
휘말려,
할 수 있는 일이란
그저
잦아들길
기다리는 수밖에

시작메모

무이파는 서양자두 꽃이라는 뜻이며 2011년 9호 태풍의 이름이다

허울

마셔도 목이 마르다. 먹어도 수척해진다. 누군가를 만나 함께 차를 마셔도 무슨 말을 했는지 서로 인사치레를 했다는 것밖에 기억나지 않는다. 그게 정말 좋은 느낌으로 남아 있다면 좋겠는데, 미소를 띠고 후일을 기약하며 악수하는 손이 차갑다. 나를 받아들일 수가 없다. 하지만 받아들이기로 했다. 이건 진짜 내가 아니니까.

정물

차창 밖으로
빠르게 지나가 버려도
끊임없이 펼쳐지는
정지된 풍경

움직이는 것들 사이에서
오도카니 혼자
눈물조차 흐르지 않는
숨 쉬어도 죽은 것 같은.

휴식

숨는 거다
이것저것 헤아리지 말고
목숨이나 인연이
끊어질 일 아니면
열 일 제쳐놓고
잠적하는 거다
숨도 못 쉴 만큼 힘들면
아무것도 헤아리지 말고
단행하는 거다

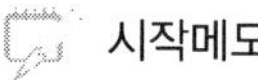
시작메모

휴식하지 않으면 안 될 때가 있다.
이때는 목숨이나 인연이 끊어질 일만 아니라면
여건 따지며 미루지 말고 단행해야 한다.

물의 반란

나는 모습이 없다
그저
너에게 밀착되어
너의 모습으로 보일 뿐,

네가 없으면
흘러가 스미거나
허공으로 사라지는
미미하기 그지없는,

너로 인해 기쁘고
너로 인해 슬픈
너의 존재로
나의 정체를 아는,

그런데,
세월의 더께에
가로 거치는 게 생겼는지
문득 바라본 모습이
생경하다

벌레

성가시도록
밤낮
윙윙거려보아라
아무리 시끄러워도
무너지지는 않아

나는 하늘이고
너는 거기서
지치도록 날아다닐 뿐

다중인격

먼 길 운전해
집으로 돌아오다
쏟아지는 졸음에
눈 부릅뜨고
멱따는 소리 질러도 보고,
아무도 없는 공간이라고
고상한 것하고는
거리가 먼,

과속으로 달리기
앞지르기
내가 했던 일들은
까맣게 잊고
남들이 하면
무심코
내뱉는 거친 말

삭막한 도로에
인격이 굴러다닌다

생존의 법칙

생살 잘라내며
아프지 않기 위해
기꺼이 아파하고
설움에 북받쳐도
웃고 싶어서
그저 웃고
추락하지 않기 위해
매달려
흔들리며 살았는데
한순간에
바닥으로
내동댕이쳐지는,

모든 것이
끝나는 줄 알았지만
맨 밑바닥엔
고요한 휴식
평안이 있어,
손을 놓는 것
그것은 절망이 아니라
희망

착한 사람 콤플렉스

착하게 살면
복 받을 줄 알았는데,

죄 없이
피고가 되고
가깝다던 사람에게
당하고 보니,
심은 대로 거둔다는 말에
토 달고 싶어지고,

훌륭한 교훈
부정할 생각은 없지만
상처 입은 만큼 갚아주고
흠씬 패주었으면 좋겠다는
생각이 앞서 슬프다

행려자

아무렇게나
팽개친 시간,
눅눅해진 마음
하늘에 닿아 비가 되고
갈 곳 없는 자 어깨 위로
떨어져 내린다

낯선 집
처마 밑에서
추운 것도
허기진 것조차 잊고,

빗줄기 세며
기다리는 아침
누군가에게 기대어
잠들고 싶은,
견딜 수 없는 고독이
강물이 되어 흐른다

시작메모

곁에는 아무도 없고 정처 없이 방랑하는 사람.
마땅히 쉴 곳도 없는 그의 머리 위에 빗방울이 떨어지지 않았으면 좋겠다.

부자 꿈꾸기

종자돈으로
암수 한 마리씩
토끼를 산다

한번 새끼 배면
여덟 마리
적게 잡아
서너 마리
그래도 일 년에 몇 번은
생산한다니
수년을 키우면
도대체 몇 마리야

머릿속으로
주판알 굴리며
밤새 숫자놀음 하다가
해 뜨고 또 밤이 되었는데
여전히 그 생각뿐이다

시작메모

지인의 권유로 난생처음 전망 있다는 주식을 샀다. 마침 주가가 올라서 꽤나 수익이 되었는데 첫 경험이라 적잖이 흥분되었다. 토끼가 새끼를 낳듯 주식 값이 불어날 생각을 하며 며칠 밤낮으로 온통 이 생각뿐이었다.

부부

외나무다리에서 만나
목덜미 잡힌
진 빚이 너무 많아
서로
끊임없이 갚으라는
사랑의 빚진 자

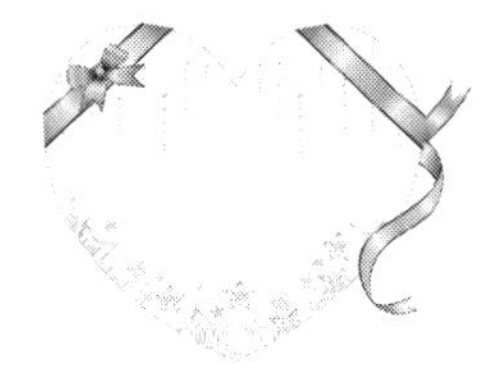

꽃샘

눈길 한번 안 주고
뽐내고 있다고

소갈머리 없이
속 뒤집는 소릴 해놓고서는
빙긋 웃으며
아껴서 그랬노라고
설마 그럴 리 있겠느냐고

하지만 그건 심통,
고운 자태가 좋으면서도

제4부

숫자 없는 세상

숫자 없는 세상
– 주님, 영원永遠은 숫자가 아니지요?

시계 바늘이
숫자를 가리키고 있다
전화를 걸 때도
마트에서 계산을 할 때도
숫자가 춤을 춘다

환율이 오르고 내림을
뉴스에서 떠들어대고
숫자가
더해지고 빼지는 순간마다
희비가 엇갈리는 거리

위경련으로 고꾸라질 때는
아무 숫자도 보이지 않았다
뒤틀리는 아픔에서
벗어날 궁리를 하다가
지쳐 늘어져 있는 것조차
감사함으로 받아들이는 것밖에
아무것도 생각나지 않았다

쓰나미

언제부터인가
균열이 생겼지만
아직은 아니겠거니
대수롭지 않은 일이겠거니
눈물겹게 참고
공들인 게 아까워
버릴 수 없었던 것,

벼랑 위에 서서야
집채 삼키는
파도라는 말 배우고,
절대로
버릴 수 없었던 것들이
산산조각 나는 걸 보고
세상의 모든 것이
먼지에 불과함을,
까닭 모를 고통 속에서
재를 뒤집어쓰고도
주를 앙모한 이가
몇 갑절 복을 받은 이유를
매서운 회초리에 비로소 배운다.

주님의 끈으로

나를 묶으신 이여,
말씀을 꼭지점으로
그 곁 벗어나지 못하게
동여매신 이여,
참자유 알기 이전엔
쇠사슬이었으나
물보다 보드랍고
새털보다
햇빛보다
가볍고 맑아
당겨짐을 느끼면 가끔
놀라곤 합니다

나를 묶으신 이여,
눈가 짓무르고 그늘져
인자하신 당신께
얼굴 파묻던 때에
동여매셨던 사랑의 끈
영원히 놓지 마소서

빽빽한 나무 사이 뚫고
휘휘 소리 내는 것이
늑골 사이로 지나가고
뼈마디에서 관솔 타는 소리 날 때
말하고 싶은데 아무 말도 떠오르지 않을 때
나를 더욱 동여매소서

친구 되신 이여

머리카락을 세시는 이여
보셨습니까
마음과는 달리
서로를 할퀴고야 마는
긴 손톱 가진 사람들을,
실은 외롭지 않으면서
실은 미워하지 않으면서

용수철보다 더 빨리
더 멀리
튕겨지는 언어의 화살
더러는 사랑이
더러는 미움이
온 세상에 충만합니다

인내의 연습을 합니다
아파도 차마
뛰어내리지 못하도록
벼랑 끝에 말뚝 세워
당신 말씀 새겨놓습니다

친구를 위하여
목숨 버리는 것보다
더 큰 사랑은 없다고,
할퀴어서 아픈 상처는
견딜만한 것이라고

기억의 강물

달군 쇠
담금질하여
가슴에 새기었어도
수레바퀴 따라 돌다
잊어버렸는데

가난한 사람
불쌍히 여김이
당신께
꾸어준 거라며
갚아주시겠다는,

일곱 번 용서하고
오래 참았노라
입찬소리했는데
일곱 번씩 일흔 번을
용서하라는,

싱싱하게 건져 올린
말씀만 남겨두고
잊어야 할 건
죄다 물에 띄워
흘려보냅니다

사랑의 사슬

아낌없이
전부를 내어주고
사랑의 사슬로 묶이라고
그것이 참 자유라고
목숨마저 버리며
보여주신 그 은혜
이루 다 말할 수 없는데,
때때로
내 안에
모세를 원망하는
광야의 백성 들어와
소견대로 살고프다
시위하다가
자못 그립고
거부할 수 없는
사랑의 말씀에
이내
머리 숙인다
"내가 곧 길이요
진리요 생명이니라."

G20 감회

한일늑약
100년 되는 해,
우리 땅에서
G20 정상회의를 열었다

상호 행복 증진과
동양의 평화를 위해서라는 거짓 얼굴,
을사조약 체결했던 그들의 짓과
사탕발림으로 무력하게 하고 분열시키는
사탄의 짓은 닮아있다
남인 북인 노론소론 국론이 분열되고
행복과 평화 맞이할 준비도 없었지만
순교자가 흘린 피를 기억하여
잿더미에서 건져내고 축복해 주신 주님

지금 우리는
하나 되게 하고
모든 좋은 것을 주시는
주님께 돌아갈 때다

중독자

그 친구
믿었었는데
발등 찍힌 아픔에서
헤어나지 못하고,
환율 물가지수
올라간다고
돈 걱정에 매달리니,
오락기 앞
떠날 줄 모르는 아이
나무라기 머쓱하다

눈에 보이는
아름다운 것들은
신뢰할 대상이 아니라
다스려야 할 것
인내하며 다듬어 가는 것,
헤어나지 못하고
깊숙이 빠져
사랑해야 할
오직 한 분
내 안에 계신 이

회개

정갈하게
음식을 담은
질그릇
은그릇 부럽잖아

장인이
공들여 만든
그릇이라도
색 변하고
오물 묻은 건
쓸모없어

바빠도
씻고 닦고,
미루면 안 되는
설거지

시작메모

설거지를 미루면 안 되듯 크건 작건 죄도 미루지 말고 회개해야 한다.
주님은 사람의 외모를 취하시지는 않지만 깨끗한 사람을 취하신다.
깨끗한 그릇에 담을 수 있기 때문이다.

그날이 오기 전에

오래된 믿음생활
늘상 그대로
원고마감 앞에서
와 닿는 느낌 없어
제자리

그저 분분한 일상
다 내려놓고
내게 와 쉬어라,
영원을 소유한 이
끊임없이 손짓하는데,
아까울 것 없는 짐
망설이지 말고

맨몸으로
그와 더불어
완전한 기쁨을.

영원한 불꽃

우리는
알고 있다
재산도 벼슬도
별것 아님을
숨 가쁘게 달려 이룬들
아무것도
가져갈 수 없음을,

다만 한 가지,
사랑 때문에 목숨 버리고
그 때문에 다시 살아난,
떠나는 모습이
아름다웠던,
구름 뒤에 가리어
보이지 않아도
한결같이
빛나고 있는 태양
가슴 속에 살아있는 불꽃,
죽어도 놓지 못할
주님의 손

잃어버린 고무신을 찾다
– 조양스페이스

평창! 그 이름
지구촌에 울려 퍼지고,
재너머 우뚝 솟은
가리왕산 중봉에서
검게 탄 알파인들이
미끄러져 내려올 걸
그때 그 소년은 알지 못했었다
강물에 떠내려가는
검정고무신 쫓아가면서
찾게 해달라고 숨 가뻐 기도하던 날
햇빛에 반짝이는 물비늘에
꿈의 섬광 스치는 걸
도무지 알지 못했었다

이제는 안다
고무신을 대신해
복음의 신 신으라는
주님의 뜻을,
계곡 따라 펼쳐진 푸른 풀밭

맑은 시냇물 흐르는 이곳에
세우신 장막 주님 지으신 세계가
어찌 그리 아름다운지,
친히 생명의 다리 되신
참 목자 기억케 하는
긍휼의 다리 위에서
소년의 기도를 응답하신
그 은혜 찬양한다

어부의 노래 · 1

돌아가신단 말씀에
그리하시면 안 된다는 말
사랑해서 그랬는데 사단아 물러가라니요
절대로 배신하지 않겠노라
큰소리로 장담했지만
계집종 앞에서조차 두려워 떨며
주님을 모른다며 고개 흔든 것
사랑하지 않아서가 아니어요
하필이면 그때 왜 나를 바라보셨나요
닭이 세 번 울고 나니 하셨던 말씀 생각나
사무치도록 내가 미워
창자가 끊어지는 것 같았습니다
모든 걸 잊고 싶은 나는
다시 살아나신다는 말씀 까맣게 잊고
낙향하여 하릴없이 뱃사람으로 돌아와
잡히지도 않는 물고기 잡으려
날이 새도록 무진 애를 썼지만
근심만 가득 건져 올렸을 뿐입니다
앞에 나타난 이 뉘신 지
배 오른편에 그물을 던지라는 그 말씀

처음 주님 만났을 때의 기억이 주마등처럼 스치네요
그때에도 그물이 찢어질 듯 고기가 많았지요
아, 주님 당신이셨군요
부활하셔서 먼저 갈릴리로 오셨다고요
제가 여기 올 줄 아셨다고요
당신께서 물고기들을 불러 모으셨군요
사람 낚는 어부 되라 하시던 그 말씀
이제야 무슨 뜻인지 알겠어요
말씀만 하세요, 주님
그물을 던지겠습니다

어부의 노래 · 2

왜 근심을 낚았는지
손 모으고 생각하니
당신의 말씀을
소홀히 한 탓이어요
사랑한다고
큰소리로 외친 말
죄다 거짓부렁이,
사무치도록 내가 미워
창자가 끊어지며
밤새껏
슬픔을 낚았습니다
당신만 믿고 따라 오라셨지요
처음 만나 가슴 뛰던
기억 더듬어
당신 어깨에 기댑니다
모든 걸 꿰뚫어
내 속 깊은 곳에 숨어있는
아주 작은 것까지 보듬는,
다른 아무 이름도
견줄 수 없는,
당신을 떠나서는
살 수 없습니다

어부의 노래 · 3

닭이 울면
목이 멥니다
나는 아니로라
이 사람아 나는 아니로라
네가 하는 말을 도무지 알지 못하노라
닭 울기 전 세 번
나를 부인할 것이라던
주님 말씀 생각나
그 자리 떠났기 망정이지
수십 번은 더 아니라 했을 터

다시 사신 후
디베랴 호숫가 모닥불 앞에서
날 사랑하느냐 물으셨지요
내가 사랑하는 줄을
주님께서 아신다고
숯불에 대여야 할 입술로
감히 아뢰었는데
날 사랑하면 내 양을 먹이리
불꽃 되어 피어오르는
주님 말씀

어부의 노래 · 4

사랑한다는 말
감히
할 수 없습니다

나를 본받으라고
말할 수 있는 이는
당신뿐인데
그런 줄 알고 뽐내던,

당신 향한 맘
보여주겠다고
큰소리치던,

계집종 소리에도
두려워
넘어진 나는,

당신 아니면
사랑할 수도
일어설 수도 없습니다

시작메모

'네가 나를 사랑하느냐' 고 묻는다면
'네 사랑해요' 라고 호언장담할 수 없다.
사랑한다는 말이 얼마나 어려운 것인지.

어부의 노래 · 5

계집종 앞에서도
도리질하며
도망했었지요
하지만 닭 울음
어둠을 밀어내고
당신의 눈동자
불꽃으로 피어날 때
마주친 그 눈빛
죽어도
잊을 수는 없었어요

바다 위 떠돌다
닳아버린
당신의 발아래
짠물에 절은 나는
납작 엎드러졌습니다
이제, 달리셨던 그 나무에
못난 마음 매달아두고
잠잠하라고 명령하셨던 바다 위에
돛난배를 띄웁니다

주님, 어느 쪽으로 그물을 던질까요

동행

여린 발바닥
숯불 밟아
데이지 않도록
걸음 뗄 때마다
인도해 주시고,

행여
돌부리에 걸려
넘어져도
손 내밀어 주시고,

굽은 길
곧게 하시고
평탄케 하신
오직
그 길로만
다니게 하소서

낯선 얼굴

거울 속
로션을 발라
말갛게 피어난,

공들여 쌓은 것
두고 가야 할 뿐인 걸
아는지 모르는지
그저 웃고 있는,

아무것도
찍어 바를 일 없는
내 안의 나는
발걸음 옮기면
금세 사라질
저편의 형상이
한 번도 본 적 없는
사람인 듯싶다

다이어트

사치로
가꾸어진 얼굴,
숙일 줄 몰라
뻣뻣해진 목,
배불러도
자꾸 먹어
살찐 배,
아무 데나 돌아다녀
굵어진 팔다리

마음에 가득한 탐욕
다 비워내고
정처 없이 헤매지 말고
주께로 향하는 일,
그의 말씀으로
가득 채우는 일

그 사람을 기억하며

정글 혹은 황무한 곳으로
복음의 신 신고 달려가,
위대한 사랑 일깨우려
목숨 바친 사람

말씀에 붙들려
피 뿌려 일궈냈던 이 땅엔,
풍요의 열매 가득하고
눈과 귀 커져 지식은 넘쳐나는데,
사랑에 주리고 목마른 이들이
죽어가고 있다

순수한 것은 강한 것,
영원히 잃지 않을 것을 위해
영원히 잃을 것을 포기하는 사람은
어리석지 않다며
흔히들 바라는 것을 바라지 않았던
*순교자의 생애를 기억하며,

죽어가는 이들을
사랑할 수밖에 없는 이유,
아직 그들이 살아 있기 때문이다

*순교자
여기서 말한 순교자는 짐 엘리엇(Jim Elliot 1927~1956)을 말하며
에콰도르 정글의 아우카(와오라니)족을 선교하다 순교한 선교사임

잊어버린 말 찾기

지천으로 널린 건
홀대하고
숨어있는 광맥 찾아
휘돌아다녔는데
흔한 게 귀한 것이라고,
아무 일 하지 않고
드러누워 있어도
숨 쉴 공기 거저 받으니
감사하라고,

산더미로 쌓인 건
쥘 수 없는 것
이미 나를 떠난 것,
잃어버린 것에
설워하지 않고
가질 수 없는 것
바라지 않고,
일용할 양식으로
만족하기로 했다
행복해하기로 했다

극기훈련 · 1

말 때문에
흔들리지 않았으면 좋겠다

힘든 일 앞에선
의연할 수 있는데
가끔은 사소한 말에도
내려앉는 가슴

평안 없는 땅의 것에
약해지지 말자며
성난 파도도 잠잠케 하는
말씀 붙들고

찬송 부르다가
눈물로
아픔 씻어내고
내 감정
내 생각을 비운다

극기훈련 · 2

보이는 것들로부터
자유로운
골방 들어가
까짓것 먼지다
별것 아니다
삼켰던 한숨
죄다 토해내고
길을 나선다

멀리 뵈는 언덕
바라만 봐도
숨 가빠지는데
기꺼이 오르자 채근하며
높은 곳 올라가 내려다보면
턱밑까지 오른 숨
어느새 가라앉고
가슴엔
내려앉고 내려앉은 앙금

나무의 외출

초판 1쇄 2013년 05월 20일
초판 발행 2013년 05월 24일

지은이 한새빛
펴낸이 양상구
웹디자인 김태완
펴낸곳 도서출판 **채운재**
주소 100-861 서울시 중구 충무로2가 49-8 (서울빌딩 202호)
전화 02-704-3301
팩스 02-2268-3910
손전화 010-5466-3911
이메일 ysg8527@naver.com
정가 10,000원

이 책은 성남시문화예술발전기금 일부지원을 받았습니다.